Au moment où toute la France pétitionne pour demander respectueusement à l'Assemblée nationale de vouloir faire place à une Constituante, il n'est pas inutile, je pense, qu'un obscur prolétaire vienne apporter sa voix dans cette sorte de concert national.

Il est nécessaire, de prime-abord, de savoir pourquoi on demande la dissolution de la Chambre.

Il n'est pas besoin, je crois, d'appuyer ici sur les causes qui nous ont conduit au 8 février. La guerre, déclarée d'un cœur léger et sans être prêt à pouvoir la faire avec quelque succès, devait inévitablement tourner à notre désavantage.

Nous savons qui a amené *Sedan,* qui a fait *Metz,* qui a fait *Paris.* M. le maréchal Bazaine a voulu, par une série de tristes imprudences, amener la population messine et la France à croire à la famine

comme cause principale de la reddition de Metz.
Non, monsieur le maréchal, les magasins d'approvisionnements de Metz étaient trop bien remplis, et
si vous n'aviez pas donné du blé à vos chevaux
quand la population mangeait du pain..... fait on ne
sait comment, il n'aurait pas manqué de si tôt, et
pour vos quadrupèdes le fourrage ne devait pas faire
défaut dans les campagnes environnantes ; et puis
si vous aviez voulu, vous pouviez n'avoir que 50,000
hommes à nourrir ; vous n'avez pas su ou voulu profiter de vos victoires les 15, 16 et 17 août, et c'est
là l'origine de vos fautes. Vous ne vouliez pas reconnaître la République quand M. Trochu, qui ne passa
jamais pour républicain, était à la tête du gouvernement du 4 Septembre.

Enfin, de défaites en défaites, de déceptions en
déceptions, malgré l'héroïsme de notre armée réduite
de moitié, et le courage non équivoque de plusieurs
petites localités ; malgré le patriotisme ardent de
M. Gambetta se multipliant et faisant lever des montagnes, il est vrai, mais qui était mal servi et trompé
dans sa confiance envers plusieurs de ses subordonnés, nous arrivons à la capitulation de Paris.

Comment M. Trochu n'a-t-il pas utilisé les 300,000
hommes de garde nationale qui ont fait cependant
voir de quoi ils sont capables en se défendant pendant deux mois comme des lions contre une armée
commandée par un général capable et bon stratégiste ? Comment est-il arrivé à se laisser investir

par un ennemi numériquement moins fort que la garnison de la place assiégée? Comment, après avoir souffert pendant cinq mois, les Parisiens, la France, le monde entier, ont-ils vu la capitale de la civilisation, la reine du monde, le foyer de toutes les lumières, le couronnement de tous les talents, souiller son sol par la présence de l'étranger? C'est ce que l'enquête établira.

Toujours est-il que cette capitulation fut la première semence du 18 mars.

Il nous fallut renommer une assemblée nationale. Mais pourquoi les membres du gouvernement de la défense nationale furent-ils divisés? Pourquoi, sous prétexte de laisser libre l'éclosion du suffrage universel, M. Trochu voulut-il rapporter le décret de la délégation de Bordeaux, rendu par Gambetta?

Nous n'aurions pas aujourd'hui une assemblée royaliste dont les deux tiers des membres sont ouvertement pour la royauté? Verrions-nous des députés soi-disant républicains se réunir librement et discuter publiquement si ce sera Pierre, Paul ou Jean qui sera roi? Nous n'entendrions pas, dans une assemblée représentant une nation républicaine un député s'écrier, en entendant un orateur affirmer la République : « Parlez pour vous! » Nous n'aurions pas ce triste spectacle d'un homme qui a toujours défendu la liberté sous l'empire, venir proposer une loi qui tue la petite presse, la presse du peuple, en établissant le cautionnement des journaux? Nous ne verrions pas non plus ce même représentant, soi-disant du peuple, émettre cette affirmation monstrueuse que si la dissolution de la Chambre était prononcée et que la Constituante fût nommée, ce serait un parti qui triompherait. Pauvre homme! autrefois chéri des Parisiens, allez vous représenter maintenant devant ces électeurs, qui ont fait le 2 juillet! Il ne voit pas, et sa vue ne s'étend pas si loin, que de toutes parts il y a assez de pétitions pour dire que la République seule, et non pas un parti, triomphera par la Constituante. Pauvre M. Picard!

Mais j'arrive au 8 février. Nous voyons M. le comte par-ci, M. le duc par-là, M. le baron un tel, M. le vicomte, et une foule de M. de..... composant une Assemblée nationale. Bref, elle fut nommée.

Que fit-elle avant toute chose? Pour récompenser Paris de son héroïque défense, pour compatir aux douleurs immenses du peuple de la capitale, l'Assemblée déclara que Paris, eu égard à la reconnaissance qu'il méritait de toute la nation, par l'intermédiaire de ses représentants, serait décapitalisé, et qu'elle irait siéger dans la ville d'où partirent ces ordres d'incendier les villes fortes se défendant trop bien, de bombarder les villes ouvertes qui faisaient mine de se défendre et qui ordonnaient l'incendie de Châteaudun et le bombardement de la capitale de la France, de la patrie des arts, du talent et de la civilisation.

Je le répète, et je l'affirme, c'est ma conviction sincère, ce fut alors que le 18 mars, planté par la capitulation de Paris, montra sa tête à fleur de terre.

Nous arrivons au traité de paix. Je n'ai pas à discuter si ce traité a été bien élaboré et si ses conséquences ont été bien pesées par ceux-là qui l'ont adopté et signé. Non ! chacun avait soif de paix, car l'invasion était reconnue trop développée, la résistance ne serait que plus désastreuse. Mais là se bornait votre mandat, Messieurs du 8 février, et vous deviez faire place à une Constituante, qui aurait, tout aussi bien que vous, réorganisé le pays. Pour votre maintien, vous objectiez que la présence de l'ennemi en France rendait impossibles toutes nouvelles élections. Mais vous savez bien que ce sont justement les départements envahis qui ont envoyé le plus grand nombre de républicains à la Chambre.

Mais non: votre premier soin, après la signature de la paix, a été de rechercher les quelques libertés accordées par le 4 septembre et de les abroger.

Vous avez voulu mettre sur la sellette le 4 septembre comme s'il était seul responsable de nos désastres. Je sais qu'il y a eu des ambitieux, des incapables dans le gouvernement du 4 septembre; mais il fallait, de toute justice, commencer par les ministres et le pouvoir qui avait déclaré et commencé la guerre, quitte après à demander compte au pouvoir de la Défense nationale de ses faits et gestes.

Ensuite, après l'enquête sur les actes du 4 septembre, vous avez voté les lois sur la presse. Avec ces lois la presse populaire est tuée ; et l'ouvrier qui n'a qu'un sou pour un journal ne pourra, de par la loi Picard, se mettre au courant des affaires du pays ni émettre, s'il n'a pas au moins 10,000 francs, les idées qu'il croira utiles au bien-être moral, matériel et intellectuel du pays.

De plus, en renvoyant les journalistes qui sont signalés par les parquets devant la cour d'assises vous faites asseoir un homme, toujours honorable, sur le même banc que les repris de justice, les criminels les plus endurcis comme les plus vulgaires. Et puis il peut se trouver condamné par plusieurs hommes qui croient obéir à leur conscience, j'en conviens, mais qui, cependant, lisent très peu souvent les feuilles publiques.

Et la loi sur les Conseils généraux ? Vous avez fait en sorte que le prolétaire intelligent ne puisse pas prendre part aux affaires du pays, comme administrateur, parce qu'il ne sera pas indemnisé de la perte de temps que lui occasionneront les fréquents dérangements que ces fonctions nécessiteraient. Je le demande à tous les hommes impartiaux, est-ce bien là une loi républicaine ?

J'arrive aux impôts et j'avoue que je vois de moins en moins la preuve de votre républicanisme, et de plus en plus votre peu de sollicitude pour cette pauvre République.

En effet, si j'examine bien, la majeure partie de ces impôts frappent la classe ouvrière : l'impôt sur les allumettes, sur le café, la chicorée, le vin, le papier, etc. Je vois de plus en plus que le revenu, imposé par vous, frapperait la classe aristocratique et que vous hésitez à établir cet impôt.

Comment, Messieurs nos représentants, vous croyez que l'ouvrier qui n'a que deux sous pour une tasse de café pourra en mettre quatre ? En imposant le vin, vous croyez faire plaisir à l'ouvrier qui, après dix ou douze heures d'une pénible journée, ne pourra plus consommer le moindre verre de vin pour retremper ses forces et se donner du courage pour recommencer son labeur du lendemain ?

Monsieur le Ministre des finances et Messieurs nos législateurs, de par votre bon plaisir, vous avez cru atteindre l'ivrognerie ; mais vous savez qu'il n'y a pire ivrogne que celui qui se cache, et que, quelle que soit l'augmentation des boissons, le viveur et le petit crevé seront toujours ni plus ni moins ivres qu'auparavant !

Ah ! vous frappez la classe ouvrière ! Ah ! vous rendez la vie plus dure à cette grande majorité du peuple !

Savez-vous les résultats que vous obtiendrez ? Vous obtiendrez la corruption des mœurs, déjà pas mal corrompues, cependant. Vous verrez la correctionnelle et la cour d'assises fonctionner pour des malheureux que la misère aura poussés au crime !

Vous me direz que chacun doit payer sa part des charges publiques. Oui, je le dis comme vous. Mais pourquoi donc le luxe ne paierait-il pas? Pourquoi ceux qui ont 10,000 livres de rente ne paieraient-ils pas plus que celui qui n'a rien? Pourquoi donc la richesse qui fait montre de bijoux et bracelets, de pierreries, de diamants, ne serait-elle pas imposée? En un mot, pourquoi le port de ces bijoux ne serait-il pas soumis à un droit fiscal ?

Ah ! Messieurs, vous pensez bien peu à nous, les prolétaires, à nous, les mercenaires, qui, cependant, contribuons pour une bonne part à l'édification de vos fortunes! Vous ne pensez pas à nous qui vous bâtissons ces palais, ces demeures somptueuses d'où vous nous regardez bien souvent en pitié !

Vous, M. Pouyer-Quertier, qui êtes manufacturier, vous devez bien un peu penser aussi à l'ouvrier, dont vous aggravez les charges déjà si lourdes, car vous ne doutez pas que vos ouvriers ne ressentent les effets de vos lois d'impôts.

Ah ! vous hésitez à imposer le revenu ! Cela se comprend : un richard ne pourrait plus passer en calèche auprès d'un chantier où travaillent péniblement des ouvriers en se disant : « Ces gens me gagnent mon pain et le leur est plus dur et plus noir que le mien !... »

On ne verrait plus l'ouvrière perdre la vue à force de travail, tandis que la courtisane la lorgnera dans la rue quand elle lui demandera du pain pour ses enfants ! On ne verrait plus la misère frapper à la porte de l'hôpital et ces abandons d'enfants que la séduction fait naître et que la honte voit vivre !

Non, on ne verrait plus de ces révolutions périodiques amenées par les réflexions continuelles du prolétaire quand il compare sa vie à celle des favoris de la fortune.

A quelle cause les révolutions doivent-elles être attribuées ? A la misère, inévitablement. Croyez-vous, Messieurs nos imposeurs, que si l'ouvrier voyait chacun, du haut en bas de l'échelle sociale, payer sa part d'impôts en proportion de ses moyens, il ne prendrait pas son sort en patience, en attendant la libération du territoire, la France riche et belle, et par suite la diminution des charges publiques ?

En vérité, je me le demande, si, oui ou non, vous vous moquez de vos électeurs ?

Je passe à d'autres considérations :

Vous objectez, pour rester à Versailles ou ne pas vous dissoudre, qu'il faut le calme pour faire des élections, et ne pas troubler de nouveau le pays.

Le 2 juillet et le 30 avril sont là pour vous répondre à ma place.

Vous objectez encore que vous tenez à conserver la République ?

Mais si vous êtes bien réellement de bons républicains, si vous avez cru bien faire en nous gratifiant de lois que nous, les premiers intéressés, vous en conviendrez, nous sommes libres de croire républicaines, pourquoi avez-vous donc si peur de revenir devant vos électeurs ? Pourquoi vous êtes-vous, de vous-mêmes, de propos délibéré, déclarés constituants, agissant de votre souveraineté ? Mais c'est nous, opinion publique, qui sommes la vraie souveraine. C'est nous, peuple, qui devons constituer. Pour cela vous n'avez pas été nommés.

Vous objectez toujours qu'il a fallu réorganiser le pays. Croyez-vous qu'une autre assemblée, vraiment constituante, celle-là, ne l'eût pas réorganisé aussi bien que vous ?

Vous avez voté des impôts écrasants pour la classe pauvre. En revanche, la riche est très peu imposée.

Si vous imposez le commerce, imposez donc aussi le clergé qui fait argent de la religion du Christ ; car puisque vous le payez et même le logez, pourquoi ne serait-il pas patenté comme un pauvre marchand de vin, je suppose, qui, lui, n'est logé qu'en payant, et n'est pas payé pour vendre ? Je proteste ici de mon respect pour la religion, je ne la dénigre pas en demandant que ceux qui en font commerce rentrent dans le droit commun.

Donc, résumons-nous.

Messieurs de l'Assemblée nationale, le 8 février vous a nommés pour faire la paix, et une fois le 10 mai passé, vous deviez passer aussi.

Vous avez voté des lois sur la presse dont la monarchique Angleterre ne voudrait pas. Vous avez voté des impôts mal répartis et vous n'avez pas établi, ou vous avez peur d'établir l'impôt sur le revenu et le luxe.

Vous vous êtes déclarés constituants, et vous n'en avez pas le droit, n'ayant pas été nommés pour cela.

Inconsciemment, il est vrai, vous n'avez pas prévu le 18 mars, et n'avez pas su le prévenir.

En conséquence, et pour joindre ma voix à celle de tous les électeurs républicains, à celle de toute la France, je viens vous dire :

Allez-vous-en ! car vous n'êtes plus à votre place.

Allez-vous-en ! car il nous faut une Assemblée constituante qui révise les impôts établis par vous, et qui examine si les lois faites par vous peuvent subsister dans une vraie République !

Allez-vous-en ! car au 8 février nous avons voulu affirmer la paix, mais aujourd'hui nous voulons aussi asseoir définitivement et sans conteste la république, et n'avoir pas que le nom de républicains !

Nous voulons encore que chacun paye , dans la mesure de ses ressources, sa part des charges publiques, depuis le plus simple manœuvre jusqu'au plus riche industriel, depuis le plus pauvre ouvrier jusqu'au plus riche millionnaire de France, depuis le dernier prolétaire jusqu'au plus grand fonctionnaire de l'Etat; nous voulons surtout que tous les commerçants, quels qu'ils soient et quelle que soit la nature de leur commerce, paient leurs contributions.

Nous voulons, en un mot, en vous disant : Allez-vous-en! le triomphe véritable et non pas illusoire de la devise républicaine :

LIBERTÉ ! ÉGALITÉ FRATERNITÉ. VANIER.

14 septembre 1871.

Annecy. — Typ. Thésio.